LIVRE DE COLORIAGE

ALI PUNCHO

À PROPOS DE CE LIVRE

Le « Livre de coloriage Ali Puncho » se compose de 40 pages de coloriage d'éléphanteaux. Le nom « Ali Puncho » est dérivé du cingalais qui signifie « bébé éléphant », l'une des langues officielles parlées au Sri Lanka, un pays réputé pour ses éléphants magnifiques et bien-aimés. En l'honneur de ces magnifiques créatures, 10 % des recettes de la vente de ce livre seront reversés chaque année à l'Elephant Transit Home (ETH) d'Udawalawe, au Sri Lanka. ETH est une maison de transition dédiée à la réhabilitation des éléphanteaux orphelins et à leur préparation à la vie dans la nature.

Merci de nous aider à faire une différence dans la vie de ces innocents bébés éléphants.

Nous apprécions vos commentaires. N'hésitez pas à nous faire part de vos précieuses idées et, pour plus d'informations, à nous contacter à l'adresse suivante : vallyparksl@gmail.com.

ISBN: 9786249365643

Ce livre appartient à :

....

PAGES DE TEST COULEUR

PAGES DE TEST COULEUR